Christentum
Alles, was wir wissen müssen

Vandenhoeck & Ruprecht

Kopiervorlagen für die Grundschule

Herausgegeben von Hans Freudenberg

Nach Ideen von
Hans Freudenberg, Magdalene Pusch,
Christine Hubka
Illustriert von Siegfried Krüger
Umschlagabbildung: Svetlana Kilian

Bibliografische Information der Deutschen Nationalbibliothek

Die Deutsche Nationalbibliothek verzeichnet diese Publikation in der Deutschen Nationalbibliografie; detaillierte bibliografische Daten sind im Internet über http://dnb.d-nb.de abrufbar.

ISBN 978-3-525-61035-0

Satz: Daniela Weiland, Göttingen
Druck und Bindung: Hubert & Co., Göttingen

Gedruckt auf alterungsbeständigem Papier.

Liebe Lehrerin, lieber Lehrer,

ob Sie vom Fach sind oder nicht: mit diesem Material werden Sie einen erfolgreichen Unterricht in Sachen Christentum gestalten können. Die Kopiervorlagen machen Ihre Schülerinnen und Schüler hautnah mit der eigenen (?) Religion vertraut. Dabei ist für Methodenvielfalt, Unterhaltung und Nachhaltigkeit gesorgt. Sie finden Arbeitsblätter „E" oder „G" - entsprechend zur Einzel- oder Gruppenarbeit einzusetzen. Dabei enthalten die Blätter „E" durchaus auch Impulse zum Gedankenaustausch bzw. Ergebnis-Abgleich mit dem Nachbarn. Viele Arbeitsblätter enthalten neben Aufgaben zur direkten Umsetzung (Schreib- und Malflächen) auch weiterführende Impulse, z.B. für Projekte, Recherchen, Interviews. Der freien Beschäftigung mit den Thema sind keine Grenzen gesetzt. Wir wünschen viel Freude an dem vielfältigen Material und sind stets interessiert an kritischen Rückmeldungen.

Ihre V&R-Schulbuch-Redaktion

Stichwort „Christentum"

Ist das Christentum in Deutschland bzw. Westeuropa mittlerweile zur Fremdreligion geworden? Umfragen in Fußgängerzonen vor Ostern oder Weihnachten machen es alle Jahre wieder deutlich: Das Grundwissen selbst über eine elementare Glaubenspraxis wie das Feiern ist allenfalls vage. Und selbst wenn, wie Schülerbefragungen nahe legen, doch noch einige Formeln des Glaubens präsent sind, so bedeutet das nicht, dass darüber kompetent Auskunft gegeben werden kann – von einer biografischen Aneignung ganz zu schweigen. Darin ist das westliche Deutschland dem unter den Folgen gezielter Säkularisierung leidenden Osten durchaus ähnlich: Wir wissen wenig zu sagen über den Glauben, der Kultur und Land geprägt hat.

Gerade in Zeiten des Dialogs, in denen andere Religionen auch bei uns ihre Stimmen erheben - der Islam, asiatische Religionen –, Fragen stellen und Ansprüche, sollten unsere Kinder aber antworten können. Und ob sie sich in ihrem Leben für oder auch gegen eine Teilnahme am christlichen Glauben entscheiden – sie sollten wissen, was sie wählen oder abwählen, und sie sollten in jedem Fall die Religion und ihre Praxis kennen, die zuverlässig Anlässe für Familienfeiern liefert und die dem Weihnachtsgeschäft seine Engel, Rentiere und Santa Klause bescherte.

Inhalt

Wahrnehmen

Vertiefen

Gestalten und feiern

1 Guten Morgen, Paul (G)

Bei Paul zu Hause klingelt der Wecker um halb sieben. Und das, obwohl die Schule erst um acht beginnt und Pauls Schulweg kurz ist.

- ❖ Wozu brauchst du denn morgens so viel Zeit, Paul?
- ❖ Für ein gutes Frühstück.
- ❖ Was ist ein gutes Frühstück, Paul?
- ❖ Brötchen, Papa, Kakao, meine kleine Schwester und das Buch.
- ❖ Das Buch?
- ❖ Da stehen Sprüche drin. Und jeden Tag lesen wir einen.
- ❖ Was denn für Sprüche, Paul?

1 Einer trage des anderen Last, so	A ich habe dich erlöst.
2 Fürchte dich nicht, denn	B glimmenden Docht wird er nicht auslöschen.
3 Das geknickte Rohr wird er nicht zerbrechen, und den	C vergiss nicht, was er dir Gutes getan hat.
4 Lobe den Herrn, meine Seele, und	D werdet ihr das Gesetz Christi erfüllen.

- ❖ Paul nennt vier Beispiele für solche Sprüche. Leider sind sie ein wenig durcheinander geraten. Füge die passenden Teile zusammen.
- ❖ Lest einander die Sprüche laut vor.
- ❖ Schreibe auf, was das deiner Meinung nach für Sprüche sind. Vergleiche mit Klassenkameraden oder frage Erwachsene danach.
- ❖ Überlegt in der Klasse: Was für einen Sinn kann es haben, den Tag mit so einem Spruch zu beginnen?

* Das Buch, von dem Paul spricht, ist übrigens ein Losungsbuch: Die christliche Gemeinde in Herrnhut lost jedes Jahr 365 Sprüche aus, für jeden Tag des Jahres ein Motto.

1	
2	
3	
4	

2 Guten Appetit, Anna (E)

„Kein Essen ohne Würfel", sagt Anna. „Ohne Würfel?", fragt Fati. „Was soll das denn bedeuten?" Anna hat den Würfel mitgebracht.

	Alle guten Gaben, alles, was wir haben, kommt, o Gott, von dir. Wir danken dir dafür.	
. . . .	Komm, Herr, segne diese Speise, uns zur Kraft und dir zum Preise.	Zwei Dinge, Herr, sind not, die gib nach deiner Huld: gib uns das täglich Brot, vergib uns unsre Schuld.
	Schmecket und sehet, wie freund-lich der Herr ist. Wohl dem, der auf ihn trauet.	
	Aller Augen warten auf dich, Herr, und du gibst ihnen ihre Speise zur rechten Zeit.	

Lest, was auf dem Würfel steht. Besprecht, was das mit dem Essen zu tun hat. Gebt dem Würfel einen Namen.
Eine Seite des Würfels ist leer. – Beschrifte sie mit eigenen Worten.
Wofür kannst du (Gott) danken? Worum möchtest du bitten?

3a Salam, Fati, Schalom, Joschi! (E, G)

Anna ist Christin, Paul ist Christ. In ihrer Klasse sind Kinder, die nicht Christen sind, sondern zum Beispiel Muslim wie Fati oder Jude wie Joschi.

1	2	3
4	5	6
7	8	9

Betrachte die Zeichen, die die Kinder auf ihren Plätzen hinterlassen haben. Weißt du, was sie bedeuten und zu welcher Religion sie gehören? Trage die Nummern in die deiner Meinung nach passenden Felder und schreibe, wenn du kannst, eine kurze Erklärung. Vergleicht und ergänzt eure Lösungen. Vergleiche mit dem Lösungsblatt 3b.

Christentum	Judentum	Islam

3b Salam, Fati, Schalom, Joschi! (E)

Die Zeichen der Religionen und was sie bedeuten (Lösungsblatt)

Christentum	Judentum	Islam
1 Das Kreuz erinnert an Jesu Tod. Sie glauben, dass Jesus aus Liebe zu den Menschen gestorben ist und dass Gott ihn aus Liebe auferweckt hat. Genauso wie Jesus liebt Gott auch alle Menschen, die zu Jesus gehören.	**3** König Davids Siegel war ein Stern, der aus zwei verschlungenen Dreiecken bestand. Heute ist er ein wichtiges Zeichen des Judentums.	**2** Der Anfang der islamischen Zeitrechnung (Mondkalender) ist das Jahr der Hedschra (Auswanderung Mohammeds von Mekka nach Medina) 622 n. Chr. Nach dem Mondkalender werden noch heute die Feste im Islam berechnet. Seit dem 13. Jh. ist der Halbmond das Wahrzeichen des Islams (Meyers Lexikon).
4 Geheimzeichen der ersten Christen. Das griechische Wort für „Fisch" besteht aus den Anfangsbuchstaben von „Jesus Christus, Gottes Sohn, Retter."	**6** Die Menora ist ein 7-armiger Leuchter, der in der Tora genau beschrieben ist.	**8** Anstelle von Abbildungen verwenden Muslime zur schmückenden Gestaltung Schönschrift.
7 A und O sind der erste und der letzte Buchstabe im griechischen Alphabet. Christen sagen: Jesus ist das A und O – der Anfang und das Ende von allem.		**9** 99 Perlen hat die muslimische Gebetskette; ebenso viele Namen gibt es, um Gott zu loben.

4a Ich zeige euch meine Kirche (G)

Anna und Fati machen zusammen Hausaufgaben. Anna hat es eilig. Sie muss noch zur Flötengruppe. „Komm doch mit", sagt sie. „Es hört sich gar nicht so schlecht an." Fati geht mit. Anna führt ihn zu einem Gebäude mit Turm. „In der Kirche?", fragt Fati erstaunt. Anna nickt.

Nehmt das Blatt und vergleicht mit der Kirche **eures** Ortes: Was ist anders, z.B. an den Fenstern, der Tür, dem Dach, dem Turm?

Markiert die betreffende Stelle in der Zeichnung und schreibt oder zeichnet daneben, was der Unterschied ist.

4b Ich zeige euch meine Kirche (E)

„Ich war noch nie in einer Kirche", sagt Fati. „Komm", sagt Anna. „Ich zeige sie dir." Sie öffnet die schwere Tür. Es ist noch niemand da ...

Male an, was du an Einrichtungsgegenständen erkennst:

❖ den Taufstein rot
❖ die Orgelempore orange
❖ die Orgel golden (= gelb)
❖ die Fenster bunt, mit rotem, blauem, grünem und gelbem Glas
❖ die Bänke grün
❖ das Lesepult braun
❖ und das Altartuch grün.

Auf dem Altar sind 5 Dinge:
1 ....
2 ....
3 ....
4 ....
5 ....

4c Ich zeige euch meine Kirche (E)

Richte Annas Kirche ein: Die Einrichtungsgegenstände findest du außerhalb des Bildes (und als Lösungsblatt kannst du 4b benutzen).

... und dann liegt da noch ein Buch. Kirchenbesucher haben ihre Namen hineingeschrieben. Manche haben auch geschrieben, warum sie gekommen sind. Was glaubst du: Warum gehen Menschen zur Kirche? ⇒ Sprecht darüber.

5a Ich bete: Vater unser (E)

Anna sagt: Alle Christen auf der ganzen Welt sprechen dasselbe Gebet.
Sie nennen Gott ihren Vater und bitten ihn um alles, was sie zum Leben
brauchen.

Our Father in Heaven	Notre Père qui es aux cieux

Padre nostro
che sei ne'
cieli ...

Padre nuestro
que estás en el
cielo ...

Lies den Anfang des Gebetes in Englisch, Französisch, Italienisch und
Spanisch (bei der Aussprache hilft die Lehrerin ...)

Setze Pfeile: Wo wird wie gesprochen?

Wie heißt das Gebet auf Deutsch?

. . . .

Anna sagt: Übrigens – Dieses Gebet hat Jesus uns beigebracht.

5b Ich bete: Vater unser (E)

Anna kann das Vaterunser schon auswendig. Aber einige Worte flüstert sie so leise, dass Fati sie nicht mitbekommt.

Fülle die Lücken. Die Wörter in dem Kästchen helfen dir.

Vater unser im _ _ _ _ _ _,

_ _ _ _ _ _ _ _ _ werde dein Name,

dein _ _ _ _ _ komme,

dein _ _ _ _ _ geschehe

wie im Himmel so auf _ _ _ _ _.

Unser tägliches _ _ _ gibt uns heute.

Und vergib uns unsere _ _ _ _ _ _ _,

wie auch wir vergeben unsern Schuldigern.

Und führe uns nicht in _ _ _ _ _ _ _ _ _ _,

sondern _ _ _ _ _ _ _ und von dem _ _ _ _ _.

Kraft	Schuld	geheiligt	Brot
Versuchung	Erden	Himmel	Ewigkeit
Bösen	Wille	Reich	erlöse

Zur Überprüfung kannst du z.B. ins Internet schauen (einfach „Vaterunser" bei Google eingeben!).

6 Ich lese in der Bibel (G)

Paul sagt: Alle Christen lesen das gleiche Buch: die Bibel. Da steht drin, was Menschen mit Gott erlebt haben und was Menschen über Gott denken.

Anna sagt: Aber die Bibel ist so furchtbar dick. Ich kann noch nicht so gut lesen.

Paul sagt: Ich habe eine Kinderbibel. Sie ist viel dünner und sie hat Bilder. Und trotzdem sind da die wichtigsten Geschichten der Bibel drin.

Besorgt euch Kinderbibeln. Bildet Gruppen um je eine Kinderbibel. Schlagt die Inhaltsverzeichnisse auf und schreibt heraus, welche Geschichten aufgenommen sind. Vergleicht eure Ergebnisse und erstellt eine Hitliste der am häufigsten nacherzählten Geschichten.

1. Teil: Altes Testament Geschichten von Gott, z.B.	2. Teil: Neues Testament Geschichten von Jesus, z.B.:
1.	1. ....
2.	2. ....
3.	3. ....
....	....
....	....
....	....
....	....
....	....
....	....
....	....

7a Ich freue mich auf Weihnachten (G)

In der Zeit vor Weihnachten, der Adventszeit, haben viele Kinder einen Adventskalender. Jeden Tag wird ein Türchen geöffnet – die Freude über das, was darin ist, versüßt die Wartezeit. Ein Adventskalender muss nicht immer Schokolade enthalten; auch schöne Bilder überraschen und machen Freude.

Besprecht, was ihr auf den Bildern dieses Adventskalenders erkennt. Erzählt einander mit ihrer Hilfe die Weihnachtsgeschichte. (Die Titel der kleinen Bilder findet ihr auf 7b.)

7b Ich freue mich auf Weihnachten (G)

1 Der Engel kommt zu Zacharias und kündigt die Geburt eines Kindes an.	14 Auf dem Feld vor Bethlehem sind Hirten. Engel verkünden Jesu Geburt.	16 Die Hirten finden das Kind.	10 Josef und Maria sind unterwegs nach Bethlehem.
12 In Bethlehem gibt es keinen Platz für Maria und Josef – nur einen Stall.	20 Herodes weiß nichts.	6 Johannes wird geboren. Er wird Jesus den Weg bereiten.	22 Die Weisen finden den Stall
9 Josef muss mit Maria nach Bethlehem reisen.	15 Die Hirten wollen Jesus sehen und suchen den Stall.	21 Herodes hat Angst.	4 Maria freut sich.
18 Die Weisen machen sich auf den Weg.	2 Zacharias glaubt dem Engel nicht und wird stumm.	11 Josef und Maria suchen eine Unterkunft in Bethlehem.	17 Die Hirten laufen zurück.
24 Stern über Bethlehem	23 Die Weisen bringen ihre Geschenke.	3 Der Engel kommt zu Maria und kündigt die Geburt eines Kindes an.	7 Zacharias singt vor Freude über die Geburt seines Sohnes Johannes.
5 Maria und Elisabeth sind schwanger. Sie freuen sich auf ihre Kinder.	8 Boten verkünden ein Gebot des Kaisers Augustus.	13 Im Stall wir Jesus geboren; Maria legt ihn in die Futterkrippe.	19 Die Weisen fragen Herodes.

Bastelt einen Klassenadventskalender: Je ein oder zwei Kinder übernehmen eines der 24 Bilder. Die Bilder werden auf Din-A4-Pappen gemalt und mit einer weiteren Din-A4-Pappe abgedeckt. Darauf steht die Nummer des Bildes. Alle Bilder werden ringsum in der Klasse aufgehängt und in den Tagen vor Weihnachten Tag für Tag aufgedeckt.

8 Ich faste (G)

Paul sagt: Freitags essen wir kein Fleisch.

Anna sagt: Nie?

Paul sagt: Nein, nie. Das hat mit Jesus zu tun. Jesus ist an einem Freitag gestorben. Daran denken wir. Ihm zu Ehren verzichten wir auf Fleisch.

Fati mischt sich ein. „Ach so", sagt er. „Ihr fastet."

Lest das kurze Gespräch. Bearbeitet die 4 Fragen, die sich daraus ergeben:

A Jesus – wie ist er gestorben? Lest in einer Kinderbibel nach: Was ist damals mit Jesus geschehen? Bereitet eine eigene Erzählung der Ereignisse vor.	**B Fasten – in der Bibel** Lest in einer Kinderbibel nach: Jesus war in der Wüste und fastete 40 Tage und Nächte. Da kam der Teufel und … (Lukas 4)
C Fasten – wann und wie? Vor den großen christlichen Festen Weihnachten und Ostern gibt es Fastenzeiten: Advent und Passion. Sammelt Informationen über Advents- und Passionsbräuche: Fragt Eltern und Großeltern, sucht in der Bücherei nach Büchern über Oster- und Weihnachtsbräuche.	**D Fasten – geht das auch anders?** Fasten heißt: auf etwas verzichten. Auf Fleisch zu verzichten fällt manchen Leuten vielleicht gar nicht schwer. Überlegt, worauf man sonst noch verzichten könnte. Klebt ein Plakat aus solchen Sachen.

9 Ich feiere Ostern (E)

Ich feiere Ostern, wenn der erste Vollmond im Frühling anzeigt, dass die Natur zu neuem Leben erwacht.

Ich feiere Ostern mit Ostereiern. Das Ei bedeutet Leben. Denn was für ein Wunder ist es, wenn aus einem Ei ein Küken schlüpft.

Ich feiere Ostern mit bunt bemalten Ostereiern. Die bunte Farbe bedeutet Freude.

Ich feiere Ostern und suche versteckte Ostereier. Ich erlebe die Freude, die es macht, etwas zu finden, das verborgen oder verloren war.

Ich feiere Ostern mit Bildern vom Osterhasen. Der Hase gehört zu Ostern, weil Hasen immer sehr viele Junge bekommen. Sie zeigen mir die Kraft des Lebens.

Zu Ostern gehört das Osterlamm. Lämmer sind sanft und wehren sich nicht. Auch Jesus hat sich nicht gewehrt, als man ihn tötete.

Osterfeuer und das Licht der Osterkerze sind warm und hell wie das Leben.

Ummale die Sätze mit Zeichen von Ostern. Schreibe in einem Satz: Was haben diese Bräuche gemeinsam? Was ist also das Besondere an Ostern?

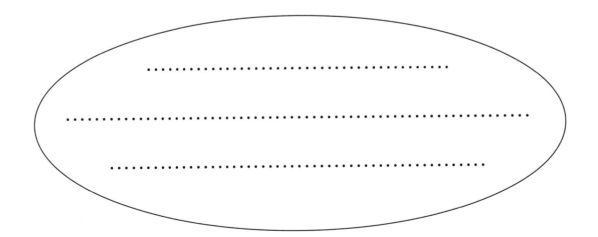

10 Taube, Feuer, Wind (E)

Auf dem Taufbecken in Annas Kirche ist eine Taube abgebildet. „Im Sturz-flug", sagt Fati. „Sie kommt vom Himmel", sagt Anna.

In Annas Kirche gibt es ein Bild. Zwölf Männer sind da abgebildet und auf ihren Köpfen brennen Flammen. „Das ist ein Bild von Pfingsten", sagt Anna. „Da kommt Feuer vom Himmel und begeistert die Jünger."

Auf demselben Bild ist auch eine offene Tür zu sehen. Wind fegt in den Raum und wirbelt alles durcheinander. „Das ist der frische Wind von Pfings-ten", sagt Anna. „Der kommt vom Himmel und pustet alles tüchtig durch."

Schreibe ein Gedicht mit 11 Wörtern: über Taube, Feuer oder Wind

_____

_____ _____

_____ _____ _____

_____ _____ _____ _____

_____

Taube, Feuer und Wind – sie habe alle mit dem dritten großen christ-lichen Fest zu tun, mit Pfingsten. Lies Annas Erklärungen: Was haben Taube, Feuer und Wind gemeinsam, was ist das Besondere an Pfingsten?

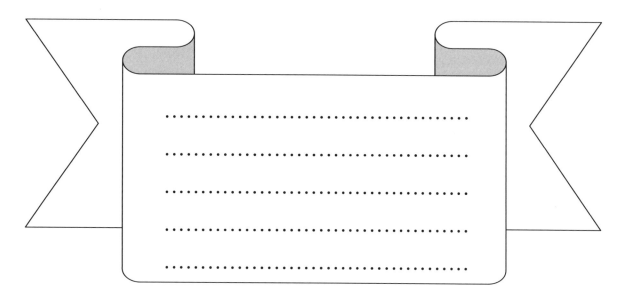

11 Wir feiern das Leben (G)

Dies ist ein Pfingstlied. Singt es – so lebhaft wie möglich:

Text: Josef Metternich Team, Kurt Rose; Melodie: Peter Janssens; aus: Meine Lieder, 1992, alle Rechte im Peter Janssens Musik Verlag, Telgte-Westfalen

Unterstreiche in dem Text des Liedes: Was ist nötig zu dem Lebens-Fest?

Diskutiert in der Gruppe: Was ist am wichtigsten für JEDES Fest? (Einigt euch auf ein einziges Wort:

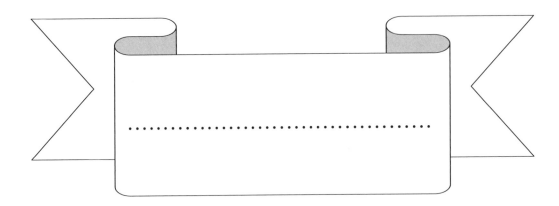

12a Das Kreuz (G)

„Warum musste Jesus eigentlich sterben?", fragt Anna ihre Mutter. „Jesus erzählte von Gott wie von einem guten Vater", sagt Annas Mutter. „Viele haben ihm geglaubt. Aber andere zweifelten …"

Hört, was die Leute in Jerusalem über Jesus sagten – bevor er kam und als sie ihn gesehen hatten (10 von euch sprechen die Rollen):

1. Jesus kommt nach Jerusalem!
2. Jesus, der gute Lehrer, der so viel von Gott erzählt?
3. Jesus, der Kranke geheilt hat?
4. Jesus, Gottes Sohn!
5. Jesus kommt nach Jerusalem!
6. Jesus kommt, um König zu werden.
7. Um die Römer zu vertreiben.
8. Um die Bösen zu bestrafen.
9. Um den Armen zu ihrem Recht zu verhelfen.
10. Um uns alle zu befreien.

. . . .

1. Jesus ist in Jerusalem eingezogen.
2. Wie haben wir ihm zugejubelt!
3. Er ritt auf einem Esel.
4. Er trug ein einfaches Kleid.
5. Er hatte keine Krone.
6. Er hatte keine Waffen.
7. Jesus kann die Römer nicht vertreiben.
8. Jesus kann nicht König werden.
9. Ist er wirklich Gottes Sohn?
10. Ist er etwa bloß ein Angeber? Oder schlimmer noch: Betrüger?

Warum musste Jesus sterben?

So stellten sich die Juden
,Gottes Sohn' vor:
Er...

Jesus ist anders,
als man sich
,Gottes Sohn' vorstellt. Er...

Betrachte das Bild und deute es: Was schreibst du in die Steine?

12c Das Kreuz (G)

Jesus hat gesagt, er sei wie ein **Weizenkorn**. – Versucht gemeinsam, das zu verstehen. Ihr braucht dazu: Weizenkörner, Wolle (verschiedene Farben), Teppichfliesen, eine Pflanzschale mit Blumenerde. Und:

Die Geschichte vom Weizenkorn

Ein Weizenkorn ruht tief in der Erde. Winzig ist das Korn, wie ein Stein unter Steinen. Dunkle Nacht hüllt das Korn ein. Es ruht dort wie in einem Grab. Das Korn muss sterben. Aber aus dem sterbenden Weizenkorn bricht ein neuer Halm hervor. Das Korn muss sterben, damit neues Leben werden kann. Das neue Leben drängt von der Dunkelheit zum Licht. Der Halm wird wachsen und neue Körner tragen. Jesus sagt: „Wenn das Weizenkorn in die Erde fällt und stirbt, entsteht viel Frucht aus ihm!" (Johannes 12,24)

❖ Nehmt je ein einzelnes Weizenkorn in die Hand und betrachtet es genau (Form, Farbe, Festigkeit).

❖ Zeichnet das Weizenkorn in eure Hefte.

❖ Weicht Weizenkörner in warmem Wasser ein (24 Stunden). Schreibt auf, was geschieht.

❖ Pflanzt Weizenkörner in die Pflanzschale; schreibt von Zeit zu Zeit auf, was ihr beobachten könnt.

❖ Legt Wollfädenbilder zu dem Thema: „Das Weizenkorn muss sterben, damit neues Leben entsteht."

❖ Sammelt Bilder und Nachrichten, die zeigen, wie etwas vergehen oder sterben muss, damit Neues geboren werden kann.

❖ Schreibt die Weizenkorngeschichte zu einer Geschichte um, mit der Jesus seine Jünger tröstet, als sie erfahren, dass er sterben muss.

12d Das Kreuz (E)

Auf manchen Bildern ist das Kreuz als Lebensbaum dargestellt – so wie hier. Male Lenas Lebensbaum aus, so dass er richtig lebendig wirkt – oder nimm ein Blatt und male einen eigenen.

13a Das Abendmahl (G)

Annas Mutter sagt: Zum christlichen Gottesdienst gehört das gemeinsame Mahl am Altar, das Abendmahl. Es heißt so, weil es in Erinnerung an das letzte Abendessen gefeiert wird, das Jesus vor seinem Tod mit seinen Freunden, den Jüngern, feierte. Er nahm Abschied und machte zugleich Mut: Wenn Menschen wie Geschwister zusammenhalten, dann sind sie nie allein. Und wenn sie gemeinsam an Jesus denken, bleiben sie mit ihm verbunden wie Geschwister.

Die Geschichte vom Abendmahl

Jesus war in Jerusalem. Es war der Abend vor dem Passafest der Juden. Jesus wusste, dass es Zeit war, Abschied zu nehmen. Da nahm er ein Fladenbrot, dankte Gott dafür und brach es durch. Er sagte: „Das ist mein Leib. Für euch." Er gab ihnen von dem Brot und sagte: „Nehmt und esst. Und denkt an mich." Dann nahm er den Kelch mit dem Wein. Er hielt ihn hoch, dankte Gott für den Wein und sagte: „Das ist mein Blut. Für euch." Er gab den Kelch weiter. „Nehmt und trinkt", sagte er. Und jeder trank einen Schluck. „Und denkt an mich", sagte Jesus noch einmal.

© Katrin Wolff

Lest oder hört die Geschichte. Betrachtet das Bild und erzählt einander mit eigenen Worten, was bei Jesu letztem Abendmahl geschehen ist.

13b Das Abendmahl

Links: Male eine schöne Traube mit vielen grünen oder roten Beeren – oder schneide eine aus der Zeitung aus und klebe sie auf. Schreibe darum herum, was du beim Betrachten denkst und was dir auffällt.

Rechts: Male eine Ähre mit vielen reifen Körnern – oder schneide eine aus der Zeitung aus und klebe sie auf. Schreibe darum herum, was du beim Betrachten denkst und was dir auffällt.

Unten: Schreibe einen Spruch aus elf Wörtern über das, was Traube und Ähre gemeinsam haben.

14a Die Taufe (E)

Annas Mutter erzählt weiter: Es gibt noch ein Zeichen dafür, dass Christen zu Christus gehören. Dieses Zeichen ist die Taufe. Bei der Taufe wird der Name des Täuflings laut genannt. Gott kennt ihn und Gott gibt ihm seinen Segen.

Heute werden meistens Babys oder kleine Kinder getauft. In früheren Zeiten war das anders. Jesus wurde von Johannes dem Täufer getauft – als erwachsener Mann.

Klebe oben ein Bild von einer Baby-Taufe ein (von deiner eigenen?!).

Vergleiche die beiden Bilder: Schreibe die Dinge, die zur Taufe gehören, in den freien Raum und zeige mit Pfeilen, wo sie auf dem Bild / den Bildern zu sehen sind.

14b Die Taufe (G)

Annas Mutter hat gesagt: Bei der Taufe wird der Name des Täuflings laut genannt. Gott kennt ihn und Gott gibt ihm seinen Segen.

A	B	C	D	E	F	G
H	I	J	K	L	M	N
O	P	Q	R	S	T	U
V	W	X	Y	Z		

Zu dritt: Schneidet die Buchstaben aus und spielt Namen-Scrabble: Legt alle Buchstaben verdeckt auf einen Haufen.

Jeder Mitspieler zieht zehn Buchstaben.

Der erste versucht, aus seinen Buchstaben einen Namen zu bilden, z.B. Anna. Den legt er offen vor sich hin. Er darf dann vier neue Buchstaben ziehen.

Der Nächste ist an der Reihe und tut das Gleiche. Dabei kann er ganz neu auslegen oder aber an die Buchstaben seines Vorgängers anbauen.

A	N	D	R	E
N			I	
N			K	
A	M	R	E	I

Das Spiel endet, wenn alle Buchstaben verbraucht sind oder wenn jemand seinen eigenen Namen legen kann. Dann hat er gewonnen.

14c Die Taufe (E)

Annas Mutter hat gesagt: Bei der Taufe wird der Name des Täuflings laut genannt. Gott kennt ihn und Gott gibt ihm seinen Segen. Bei der Taufe spricht der Pfarrer/die Pfarrerin dieses Bibelwort:

Und nun spricht der HERR,
der dich geschaffen hat:
Fürchte dich nicht, denn ich habe dich erlöst;
ich habe dich bei deinem Namen gerufen;
du bist mein!

Musst du durchs Wasser gehen,
so bin ich bei dir; auch in
reißenden Strömen wirst du
nicht ertrinken. Musst du
durchs Feuer gehen, so bleibst
du unversehrt; keine Flamme
wird dir etwas anhaben können.

Weil du in meinen Augen so wert geachtet
und auch herrlich bist
und weil ich dich lieb habe.

Jesaja 43,1f.

Schneide die Wortgruppen aus. Klebe sie auf eine Karte. Male sie aus und verziere sie. (Das erste und das letzte Stück passen gut auf eine einfache Karte. Wenn du das Mittelstück auch verwenden willst, bastle eine Klappkarte: DIN A5, quer, einmal geknickt.)

14d Die Taufe (G)

Annas Mutter erzählt weiter: Zur Taufe gehört das Taufwasser. Das Wasser bedeutet Leben und erinnert daran, dass Gott die Menschenkinder immer wieder rein wäscht von allem, was nicht gut ist.

1) Warum sagt Annas Mutter: Wasser ist Leben? Zu zweit: Schreibt abwechselnd kurze Antworten auf die Wellen.

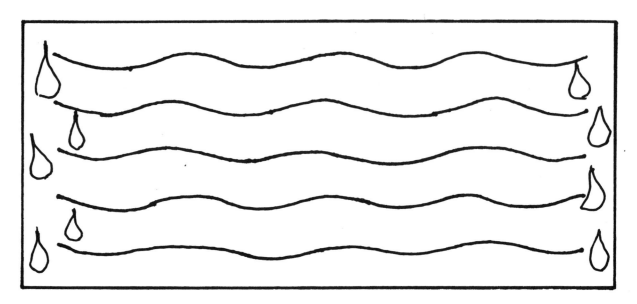

2) Schreibe den Satz auf der Karte zu Ende. Vergleiche anschließend mit der Karte deines Nachbarn. Erkläre ihm, was du geschrieben hast.

In mir ist es wie in einem dürren Land ohne Wasser.

Mein Herz dürstet nach ....

Ich blühe auf, wenn ....

....

15a Segen (G)

Was Hände alles können: Lege deine Hand auf das Blatt, ummale sie mit Bleistift. Zeichne den Umriss dann dick nach und schreibe alles Gute hinein, was Hände können.

Nimm ein neues Blatt und zeichne die Bewegung oder Haltung der Hand, wenn sie das tut, was du hineingeschrieben hast.

Spielt euch gegenseitig Handbewegungen vor. Die anderen sollen raten, was gemeint ist.

15b Segen (E)

Der Pfarrer oder die Pfarrerin hebt nach dem Gottesdienst die Hände über die Gemeinde. Sie spricht den Segen.

Gott, der Herr,

segne dich und er behüte dich.

Gott, der Herr,

lasse leuchten sein Angesicht über dir

und sei dir gnädig.

Gott, der Herr,

erhebe sein Angesicht auf dich

und gebe dir Frieden.

So gibt der Pastor oder die Pastorin den Segen Gottes an die Menschen weiter. Das kann übrigens auch jeder andere tun: Die Hand schützend wie ein Dach über jemanden halten oder ihn warm berühren und sagen: Gott segne dich. Gott behüte dich. (Wenn jemand „tschüs" sagt oder „ade", ist das auch schon ein Segen!)

Bemale oder umrahme die Worte des Segens. Dein Bild soll zeigen, wie du dir Gottes Segen vorstellst – in Farbe, Form oder Bild.

Manche Pastoren halten beim Segnen nur eine Hand wie ein Dach. Die andere Hand ist wie eine leere Schale. Was, glaubst du, kommt dort hinein?

15c Segen (E)

In der Bibel findest du das Wort Segen sehr oft.
Sieh dir die Beispiele an.
Ergänze eine weitere Bibelstellen – aus Psalm 91 (lass dir beim Aufschlagen der Bibel helfen, lies den Psalm und suche dir deine Lieblingsstelle aus.)

Und Aaron hob seine Hände gegen das Volk... und segnete sie. (Ps. 115:12)

Ich will ihre Speise segnen und ihren Armen Brot genug geben. (Ps. 132:15)

Und Isaak säte in dem Lande und erntete desselben Jahres hundertfältig, denn der HERR segnete ihn. (1. Mose 26:12)

Lasst die Kinder zu mir kommen und wehret ihnen nicht; denn solchen gehört das Reich Gottes. (Mark. 10,14)

....
....
....
....

15d Segen (E)

Heutzutage hörst du das Wort Segen oft. Es gibt viele verschiedene Segen für jede Gelegenheit. Such dir einen aus, schreibe ihn auf eine Karte und gestalte sie zum Verschenken.

Der Herr segne dich und behüte dich.
Er schaffe dir Rat und Schutz in allen Ängsten.
Er gebe dir den Mut, aufzubrechen und die Kraft,
neue Wege zu gehen.
Er schenke dir die Gewissheit, heimzukommen.

Gott sei Licht auf deinem Wege.
Er sei bei dir, wenn du Umwege und Irrwege gehst.
Er nehme dich bei der Hand und gebe dir
viele Zeichen seiner Nähe.

Gott, der Herr, sei vor dir,
um dir den richtigen Weg zu zeigen.

Gott sei neben dir,
um dich in die Arme zu schließen und dich zu schützen.

Gott sei unter dir,
um dich aufzufangen, wenn du fällst,
und dir Kraft zu geben, wenn du am Ende bist.

Gott sei in dir,
um dich zu trösten, wenn du traurig bist.

Gott sei über dir,
um dich jeden Augenblick mit seiner Nähe zu erfreuen.

16 Ich glaube an Gott (E)

Der christliche Glauben ist im **Apostolischen Glaubensbekenntnis** zusammen-
gefasst. Es wird in jedem Gottesdienst von der Gemeinde gesprochen. Paul
kann es schon mitsprechen. Und dies ist der Anfang:

> Ich glaube an Gott,
>
> den Vater,
>
> den Allmächtigen,
>
> den Schöpfer des Himmels und der Erde.

„Glauben an ..." ist schwer, sagt Anna. Ich kann es besser verstehen, wenn
es heißt: „Ich glaube, dass ...

Anna sagt:

Ich glaube, dass Gott wie ein guter Vater alle Menschen lieb hat und auf
sie achtet.

Ich glaube, dass Gott, wenn er will, alles machen kann, auch Dinge, die uns
ganz unmöglich scheinen.

Ich glaube, dass Gott die ganze Welt gewollt hat: Er hat sie sich ausge-
dacht und hat sie entstehen lassen. Er hält sie in seinen Händen so wie ein
Töpfer den Krug, den er getöpfert hat.

Schreibe einen eigenen Satz oder einen Satz für Paul:

Ich glaube, dass Gott ....

....

Malt euch Annas Sätze aus, erzählt euch Beispiele: Was tut ein guter
Vater? Was für Wunder tut Gott? Wo kannst du es sehen, spüren,
wahrnehmen, dass diese Welt, die dich umgibt, gewollt ist?

17a und an Jesus Christus (E)

Der christliche Glauben ist im **Apostolischen Glaubensbekenntnis** zusammen-gefasst. Es wird in jedem Gottesdienst von der Gemeinde gesprochen. Und dies ist der zweite Teil:

---

und an Jesus Christus,

seinen eingeborenen Sohn,

unsern Herrn,

empfangen durch den Heiligen Geist,

geboren von der Jungfrau Maria,

gelitten unter Pontius Pilatus,

gekreuzigt, gestorben und begraben,

hinabgestiegen in das Reich des Todes,

am dritten Tage auferstanden von den Toten,

aufgefahren in der Himmel;

er sitzt zur Rechten Gottes,

des Allmächtigen,

von dort wird er kommen

zu richten die Lebenden und die Toten.

Den kann Paul noch nicht sicher. „Der ist ja auch viel länger", stöhnt er. „Trotzdem fehlt eine Menge", sagt Anna.

Lies den zweiten Artikel des Glaubensbekenntnisses: Was erfährst du über Jesus, was nicht? Mach dir eine Gegenüberstellung (ins Heft):

Das Bekenntnis erzählt von …	Das Bekenntnis erzählt nicht …

17b und an Jesus Christus (G)

Kennst du Jesus-Geschichten? Teste dich selbst.

	gar nicht	ungefähr	kann ich erzählen
Geburt (Lukas 2)			
Kreuzigung (Markus 15)			
Auferstehung (Markus 16)			
Der blinde Bartimäus (Markus 10)			
Hauptmann von Kapernaum (Matthäus 8)			
Zachäus (Lukas 19)			
Der verlorene Sohn (Lukas 15)			
Der barmherzige Samariter (Lukas 10)			
Die Speisung der 5000 (Johannes 6)			
Die Sturmstillung (Markus 4)			
Die Segnung der Kinder (Markus 10)			

Wertet die Fragebögen in der Klasse aus: Welche Geschichten sind bekannt? Welche am bekanntesten? Lasst die bekannten Geschichten erzählen. Gibt es eine Geschichte, die keiner kennt – dann fragt die Lehrerin.

Wählt eure Lieblingsgeschichte – kommt sie im Glaubensbekenntnis vor?

18a Ich glaube an den Heiligen Geist

Der christliche Glauben ist im **Apostolischen Glaubensbekenntnis** zusammen-gefasst. Es wird in jedem Gottesdienst von der Gemeinde gesprochen. Und dies ist der dritte Teil:

Ich glaube an den Heiligen Geist,

die heilige christliche Kirche,

Gemeinschaft der Heiligen,

Vergebung der Sünden,

Auferstehung der Toten

und das ewige Leben.

Das kann Paul zwar (fast) auswendig, aber er sagt: „Eigentlich verstehe ich nichts davon."

Nähere dich diesem dritten Artikel mit Annas „Technik": Verwandle die „glaube an"-Sätze in „glaube, dass"-Sätze.

Ich glaube, dass …

Wenn du nicht weiterweißt, lass dich vom Lösungsblatt 18b leiten.

18b Ich glaube an den Heiligen Geist (E)

So erklärt Pauls Mutter den dritten Artikel des Glaubensbekenntnisses
(vergleiche mit Arbeitsblatt 10!):

Ich glaube, dass ...
ich Mut und Kraft und Begeisterung geschenkt bekomme.
die Kirche aus Menschen besteht, die sie mit Leben füllen.
alle, die sich mit Jesus Christus verbunden fühlen, auch unterein-ander verbunden sind.
dass ich alles, was mir ein schlechtes Gewissen macht, Jesus Christus anvertrauen kann und dass er es mir abnimmt.
dass nach dem Tod ein neues Leben wartet.
dass das Leben stärker ist als der Tod.

Schreibe eine kleine Geschichte von Mut, Kraft und Begeisterung:

....

....

....

....

....

....

19a die heilige christliche Kirche (G)

Anna: Bei uns in der Schule gibt es zwei Formen von Religionsunterricht: **evangelisch** und **katholisch**. Gibt es auch zwei Kirchen?

Annas Mutter: Alle Christinnen und Christen glauben an Gott, Jesus Christus und den Heiligen Geist. Aber es gibt Unterschiede in der Art, wie sie glauben. Es gibt verschiedene Glaubensrichtungen, **Konfessionen** nennt man die, – zum Beispiel katholisch und evangelisch.

Typisch katholisch	Typisch evangelisch
Nur Männer können Priester sein.	
Bei der Erstkommunion nehmen Kinder zum ersten Mal an der Eucharistiefeier teil.	
Wer in die Kirche kommt, bekreuzigt sich mit Weihwasser.	
Wer in die Kirche kommt, macht eine Kniebeuge vor dem Altar.	
Die Heiligen werden besonders verehrt, vor allem Maria.	
Der Papst ist das Oberhaupt aller Gläubigen.	
Neben Taufe und Eucharistie sind Beichte, Trauung, Priesterweihe und Krankensalbung heilige Handlungen (= Sakramente).	
In einem Schränkchen (= Tabernakel) wird das geweihte Brot von der Eucharistiefeier aufbewahrt. Davor brennt ein Licht.	

Tragt gemeinsam zusammen, was in die rechte Spalte eingetragen werden könnte. Vergleicht anschließend mit 19b.

19b die heilige christliche Kirche (E)

Typisch katholisch	Typisch evangelisch
Nur Männer können Priester sein.	Pastorinnen und Pastoren
Bei der Erstkommunion nehmen Kinder zum ersten Mal an der Eucharistiefeier teil.	Jugendliche feiern Konfirmation. Damit sagen sie ja zu ihrer Taufe.
Wer in die Kirche kommt, bekreuzigt sich mit Weihwasser.	Kein Weihwasser, keine Bekreuzigung.
Wer in die Kirche kommt, knickst vor dem Altar.	Bevor man sich hinsetzt, steht man, sieht zum Altar, betet still.
Die Heiligen werden besonders verehrt, vor allem Maria.	Evangelische Christen richten ihre Verehrung auf Jesus allein.
Der Papst ist das Oberhaupt aller Gläubigen.	Es gibt kein absolutes Oberhaupt, sondern Geistliche und Laien arbeiten vielfältig zusammen.
Neben Taufe und Eucharistie sind Beichte, Trauung, Priesterweihe und Letzte Ölung heilige Handlungen (= Sakramente).	Nur zwei Sakramente: Taufe und Abendmahl!
In einem Schränkchen (= Tabernakel) wird das geweihte Brot von der Eucharistiefeier aufbewahrt. Davor brennt ein Licht.	Brot und Wein beim Abendmahl sind Zeichen für Jesus. Sie sind aber selbst nicht heilig.

19c die heilige christliche Kirche (G)

Wichtiger als die Unterschiede sind die Gemeinsamkeiten: Sammelt sie an den Wurzeln (unten) und im Gottesdienst (oben). Befragt dazu eure Lehrerin / andere Erwachsene / einen Pfarrer …

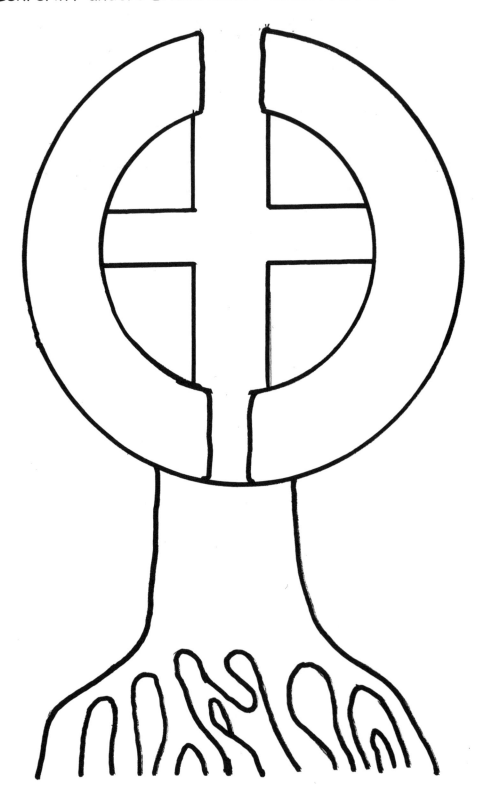

20 Vergebung der Sünden (G)

Was ist das eigentlich – ein schlechtes Gewissen?

....

Wie fühlt sich jemand, der ein schlechtes Gewissen hat?

....

Wie wird man so ein schlechtes Gewissen wieder los? Nenne einen Weg:

....

....

Vergleicht eure Ergebnisse in der Klasse. Sprecht darüber. Lest gemeinsam, was Psalm-Beter über Gott sagen. Wie passt das zu euren Überlegungen? Wie passt das zum 3. Artikel des Glaubensbekenntnisses (18)?

Barmherzig und gnädig ist der Herr,

geduldig und von großer Güte.

Er handelt nicht mit uns nach unseren Sünden

und vergilt uns nicht nach unsrer Missetat.

Denn so hoch der Himmel über der Erde ist,

lässt er seine Gnade walten über denen,

die ihn fürchten.

So fern der Morgen ist vom Abend,

lässt er unsre Übertretungen von uns sein.

Wie sich ein Vater über Kinder erbarmt,

so erbarmt sich der Herr über die,

die ihn fürchten.

Aus Psalm 103

21 Auferstehung der Toten und das Ewige Leben (E)

Jesus spricht: Ich lebe, und ihr sollt auch leben! (Johannes 14,19)

Jesus ist auferstanden, er ist wahrhaftig auferstanden! (Osterruf)

Jesus ist nicht tot. Er lebt. (Botschaft des Engels zu Ostern)

Jesus spricht: Ich bin das Brot des Lebens. (Johannes 6,48)

Jesus hat dem Tod die Macht genommen. (2 Timotheus 1,10)

Suche dir einen dieser Lebens-Sprüche aus und schreibe ihn auf die Schleife. Schreibe so, dass die Buchstaben und die Schrift Freude und Befreiung ausdrücken.

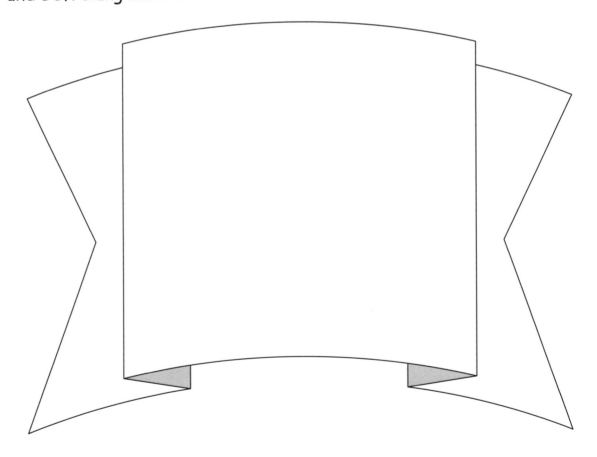

22 Kirche bauen (G)

Ihr braucht: Schuhkartons, kräftige Deckfarben, buntes Papier, dicke Textmarker, Tonpapierstreifen.

Die Schuhkartons werden bunt bemalt oder „tapeziert". Ordnet sie zu zwei Haufen: größere, kleinere.

Beschriftet die Größeren mit Worten des Glaubensbekenntnisses (16, 17, 18). Legt aus ihnen das Fundament eines Hauses.

Malt auf die kleineren die Umrisse eurer Hände. Schreibt eure Namen hinein. Legt aus ihnen die Wände des Hauses.

Beschriftet die bunten Bänder mit Versen aus Psalm 91 (s.u.). Klebt sie kreuz und quer über die Mauern. Sie sind das Dach der Kirche.

WER UNTER GOTTES SCHIRM LEBT
UND BEI IHM BLEIBT
DER KANN ZU IHM SAGEN:
DU BIST MEINE ZUFLUCHT
DU BIST MEINE FESTE BURG
DU BIST WIE EIN HAUS, DAS MICH BESCHÜTZT
DU BIST MEINE SICHERHEIT
DU BIST MEIN SCHIRM
AUF DICH KANN ICH MICH VERLASSEN
DU BEHÜTEST MICH AUF MEINEN WEGEN
WENN ICH IN NOT GERATE, BIST DU BEI MIR
WENN ICH TRAURIG BIN, GIBST DU MIR NEUEN MUT
DU TRÄGST MICH AUF HÄNDEN
NICHTS BÖSES WIRD MIR ZUSTOSSEN
WER UNTER GOTTES SCHIRM LEBT,
DER KANN SAGEN:
DU BIST WIE EIN HAUS, DAS MICH BESCHÜTZT

23 Glauben feiern (G)

Veranstaltet ein feierliches Frühstück, zum Beispiel kurz vor den Sommerferien. Pfingsten ist noch nicht lange vorbei, die Begeisterung ist überall zu spüren: Die Sonne scheint, draußen ist alles grün, es ist so lange hell …

Schmückt den Raum mit Sommer: mit grünen Zweigen, Blumen, Obst. Überlegt, was ihr essen und trinken wollt: frische Sachen, die Laune machen: Obst, Gurke, Tomate, frisches Brot, Milch.

Im Mittelpunkt des Festes = in der Mitte der großen Festtafel liegen die Zeichen des christlichen Glaubens:

Während des Festes kann immer wieder ein Kind eines der Zeichen hochheben und dazu erzählen: woran das Zeichen erinnert oder was ihm dazu einfällt. Dann legt es das Zeichen zurück und schreibt mit bunter Farbe seinen Namen darauf.

Zum Schluss des Festes werden die Zeichen aufgefädelt und aufgehängt. Sie werden euch willkommen heißen, wenn ihr nach den Ferien wiederkommt.

24 Freude teilen (G)

Bastelt ein Gemeinschaftsmobile.

Ihr braucht:

❖ ein Kreuz, an dem das Mobile befestigt wird: Latten oder Äste

❖ starken Draht oder Pettigrohr, Bindfaden

❖ handtellergroße runde Pappscheiben

Jedes Kind malt sein Gesicht auf eine der Pappscheiben.
Die Pappscheiben werden aufgefädelt und im Gleichgewicht am Kreuz
des Mobiles aufgehängt.

Betrachtet das Mobile in aller Ruhe: Seht ihr, dass ihr alle gehalten
seid? Und dass ihr Partner seid? Da tanzt ihr nun unter dem Kreuz …

25 Feste im Jahr (E)

Trage ein, welches christliche Fest wann im Jahreskreis gefeiert wird:

Advent
Weihnachten

Ostern
Himmelfahrt
Pfingsten

Erntedank
St. Martin